... für Leute, die keine Zeit haben

Henri Brunel

… für Leute, die keine Zeit haben

Momentaufnahmen eines frommen Genießers

Matthias-Grünewald-Verlag · Mainz

Originalausgabe: Prières pour ceux qui n'ont pas le temps
Les editions de l'Atelier, Paris 1999.
Übersetzung aus dem Französischen von Jakob Laubach

Illustrationen von Bernd Brach, Wiesbaden

Die Deutsche Bibliothek – CIP-Einheitsaufnahme

Ein Titeldatensatz für diese Publikation ist bei der
Deutschen Bibliothek erhältlich.

Umschlag: Kirsch & Buckel Grafik-Design, Wiesbaden
Druck und Bindung: Freiburger Graphische Betriebe

ISBN 3-7867-2240-4

Vorbemerkungen

Ich bin kein wirklicher Schriftsteller; ich bin einfach ins Schreiben verliebt. Ich liebe, was locker und zärtlich geschrieben ist; den treuen Leser; und unseren Vater im Himmel. Ich möchte durch überzeugendes Schreiben die Leser und Leserinnen zu Ihm führen. Ich will sie alle aufwecken: die Großen; die Kleinen; die Mittelmäßigen; die Widerspenstigen; die Gutwilligen; die Brummigen; die Glatzköpfe; die Lustigen; die Humorvollen; die mit Stöckelschuhen daherstolzieren; die Steifen; die mit erhobener Nase; die sich drehen und wenden; die Gesunden; die Gerechten; die sich durchschlagen; die mit Rückenbeschwerden und die Prächtigen; die Handfesten; die Mageren; die Dicken; die Starken; die Schwachen; und alle, die irgendwie dazwischen angesiedelt sind.

Ein Gebet für Leute, die keine Zeit haben

„Sie laufen um die Wette,
oder sie drehen sich um sich selbst,
halten nur an, um zu sterben.
Den Schritt wechseln im Staub, und umkehren."
Chevaux sans cavaliers,
Jules Supervielle

Herr, wie die Pferde in der Pampa, so sehe ich sie herumlaufen, die Männer, die Frauen, die Jungen, die Alten, herumlaufen ohne Rast und ohne Ziel, nach links, nach rechts, nach vorn, ohne ein anderes Ziel als das Nächstliegende, vor sich nur das Unmittelbare. Die Berufsarbeit, die Sitzungen, die Reisen, das Fernsehen, das Handy, die Kinder, die beunruhigenden Schulden, die Informationen, der Lärm, die Lichter, die Bilder machen uns verrückt, zerreißen uns, treiben uns dahin wie Staub im Wind. Ist das der Mensch? Kann man das Leben nennen? Wie sollten wir, Herr, in diesem Getöse noch deine Stimme hören?

Wir müssen Gott eine Chance geben. Uns in all den dringenden Beschäftigungen Zeit für Gott nehmen, ja stehlen! Wie das Regenwasser langsam in den Stein eindringt, so kann dein Wort, Herr, nur allmählich in unsere Herzen eindringen. Möge doch der Augenblick der Gnade und der Stille kommen, der kaum wahrnehmbare Riss im Gestein, durch den Ewigkeit in uns eindringen kann. Der Flügelschlag, das Pochen der Zeit. Möge GOTT uns aufreißen wie der Blitz in dunkler Nacht und unser Herz für immer mit Hunger und Heimweh erfüllen.

Aber schon jetzt wissen wir nicht mehr genau, nach was wir Hunger und Heimweh hatten, wir waren ja so in Eile …

Ein Gebet für Leute, die wirklich keine Zeit haben!

„Herr, du bist da, und ich bin da, darauf beruht jedes Gebet", schreibt der Theologe André Seve. Die Theologen nennen das ein „Stoßgebet". Ein Anlauf, ein Sprung, ein Ruf zu Gott, ein Morsezeichen: „Herr, hilf mir!" Ein Aufleuchten, ein Schrei.

Wer kann das in Anspruch nehmen? Alle, alle Christen, und vor allem jene, die wirklich keine Zeit haben. Sie werden mit ihrem Leben nicht mehr fertig, sie ertrinken, sie finden in ihrem Tageslauf nicht mehr die Zeit, den Halt an Gott. Die Mutter, die von ihren Kindern ständig beansprucht wird, die einem Beruf nachgeht, zwei Leben in einem führt, und die, wenn sie heim kommt, feststellt, dass die Waschmaschine überläuft, der Braten anbrennt und der Jüngste zum elften Mal eine Mittelohrentzündung hat. – Oder: das Restaurant ist überfüllt, der Koch überfordert, und da kommt ein Haufen fröhlicher Fans nach dem Fußballspiel. – Da ist der Rennfahrer beim 24-Stunden-Rennen in Le Mans, von zwei MacLaren eingezwängt, in der Kurve von Arnage von einem Ferrari verfolgt … Das sind wir selber, zehnmal im Monat oder siebenmal die Woche …

Es bleibt nur ein Hochreißen, eine Gnade, ein Gebet: „Herr, du bist da, und ich bin da." Damit ist alles gesagt.

Den Anderen anhören

Als Direktor eines kleinen Gymnasiums draußen in der Provinz begrüße ich an einem Septembermorgen den neuen Mathematiklehrer. Herr M. ist großgewachsen und mager, trägt die Haare lang, bis zu den Schultern, ist betont nachlässig angezogen und schaut verstört durch die Brillengläser.

Noch ein Achtundsechziger!, denke ich gereizt. Es war so um 1970, die Jungen machten alles neu in der Welt, während wir an den Institutionen festhielten, eine schlechte Position, ein erbärmlicher Beruf! Ich hatte Herrn M. vergessen, bis zu jenem Tag im Februar des folgenden Jahres, als er in der Tür meines Büros stand:

„Herr Direktor, ich muss Sie unbedingt sprechen."

„Bitte, kommen Sie", sagte ich, etwas erstaunt.

„Ich weiß nicht mehr, wo mein Leben hinläuft, weiß nicht mehr, was ich noch soll auf der Welt." Da sieht man, wohin der Trotzkismus und andere revolutionäre Hirngespinste führen, dachte ich. Und ich machte ihm entsprechende Vorhaltungen. Ich hörte mir so richtig selber zu. Aber ihn hörte ich nicht an, *dazu fehlte mir die Zeit*. Drei Tage später, an einem Sonntag, fand man seine Leiche in einem Graben, nahe einem Getreidefeld. Er hatte sich eine Kugel in die Schläfe geschossen.

„Wenn ich prophetisch reden könnte und alle Geheimnisse wüsste und alle Erkenntnis hätte … hätte aber die Liebe nicht, dann wäre ich nichts", sagt Paulus im Ersten Brief an die Korinther. Leider hatte ich an diesem Tag keine Liebe, ich war … nichts.

Herr, gib mir die Gnade, andere anhören zu können. In meiner Familie, die Freunde, den neuen Wohnungsnachbarn. Den suchenden Jugendlichen, den mutlos gewordenen Arbeitslosen, die alte Frau in ihrer Ecke, die nur noch stammelt, verwirrt durch Einsamkeit. Unsere Gesellschaft leidet, weil sie nicht mehr zuhören kann, sie ist eine Gesellschaft der seelisch Stummen.

Einen Anderen anhören ist eine Art Gebet.

Den Anderen anhören, das ist Gott anhören, denn in jedem Menschen sehe ich dein Gesicht leuchten, Herr.

Frühlingsgebet

Es ist elf oder zwölf Uhr mittags, ich weiß es
nicht mehr genau, und ich gehe, wie betäubt, „die
Nase im Gras", wie Rimbaud sagt, durch die Wiese
im Frühlingsrausch.

Die Glöckchen der Himmelsschlüssel bilden mit Gänseblümchen köstliche Muster; wilder Thymian, fast verdeckt im dunklen Blattwerk, hält herrlich Rat; die Vergissmeinnicht in ihrem ganz eigenen Blau stehen da und dort im Gras; ein kräftiger Löwenzahn hält sich beiseite, schlecht gelaunt; ganz bescheiden, nahe einer großen Eiche, verblühen die letzten Veilchen.

An einer anderen Stelle pfeifen drei goldene Knospen Siamkraut vor sich hin, und die scheue Minze, im hohen Gras versteckt, macht sich nur durch ihren starken Duft bemerkbar; angelehnt an die kräftigen Gräser die letzten kleinen Röschen … und ein Wassertropfen blinkt, silbern oder altgold, je nachdem, wie die Sonne ihn trifft.

Die Wiese am weiten Horizont liegt wie ein arabischer Teppich vor mir; die Landschaft vibriert von vielfältigen Faltern und Tönen; die Insekten kratzen leise, wühlen, arbeiten: Sie bereiten sich auf den Sommer vor. Ich bin ein Mensch, allein, mitten in der Wiese: ein Besucher, fast ein Eindringling.

„Das alles", sagt Gott, „biete ich dir an, wie es in der Genesis steht: „Dann nahm er den Menschen und setzte ihn in den Garten von Eden, damit er ihn bebaue und hüte!"

Eine Wiese im April, eine Wiese im Frühlingsrausch.

Gebet an Festtagen

Vor mir liegt das Menu für die Mahlzeit nach der Weihnachtsmette:
– Gänseleberpastete, zur Einführung;
– Hirschfilet auf Jägerart und Zander an kleinem Gemüse;
– Ente mit feinem Pfeffer, Kapaun mit Kastanien gefüllt;
– Lammkeule Dauphines, als Hauptgericht;
– eine große Platte mit Spezialitäten in Sülze, für Leute, die kleine Beschwerden haben.
Und schließlich die Desserts:
– Reis Marie-Louise, reiche Auswahl an Crèmes und Eis;
– Kognak, Liköre, Café, Pousse-Café.
Diese kurze Übersicht lässt mir schon das Wasser im Mund zusammenlaufen, und dabei habe ich

noch gar nicht die Weine genannt: Médoc und Grand Chambertin …

Herr, du weißt, dass ich ein Gourmet, sogar ein Gourmand bin, ja in Wahrheit sogar ein Fresser! Meine Sünde, die das ganze Jahr über als Feuer unter der Asche glüht, entbrennt an den Festtagen.

Ich dachte deshalb schon Anfang Dezember darüber nach, bevor mich der Taumel der „freien Genüsse", wie François Villon das einmal nennt, überkam.

Ich schlug einfach die Bibel auf, um eine Antwort zu finden, und ich stieß auf den Ersten Brief des Paulus an die Korinther. Dort heißt es: „Wisst ihr nicht, dass euer Leib ein Tempel des Heiligen Geistes ist, der in euch wohnt? Wenn einer den Tempel Gottes stört, wird Gott ihn zerstören. Denn der Tempel Gottes ist heilig, und dieser Tempel seid ihr."

Ich werde mich an den Festtagen am Jahresende hüten, meinen Körper zu einem teuren Abfalleimer zu machen. Gewiss werde ich froh sein, wenn „mein Fleisch in Freude erzittert". Aber ich mache meinen Magen nicht zum fast berstenden Friedhof von Enten, Sülzgerichten und Hühnern! Amen.

Mit den Blumen beten

In unserer Welt voller Spektakel, voller Miss-
klänge, in der sich nur noch die Gehör verschaffen,
die in den Lautsprechern der Medien heulen, in der
selbst die Christen versucht sind, sich dem Lärm und
Spektakel hinzugeben – in dieser Welt habe ich mir,
um zu dir zu beten, Herr, die stille Sprache der Blumen zum Vorbild genommen.

Zuerst flechte ich dir einen Kranz von Winden,
um dir meine Bescheidenheit und Demut zu zeigen; dann füge ich Lavendelblüten bei, um mit ihrem
blassen Blau meine Zärtlichkeit und meine Hoch-
achtung anzudeuten. In meinen Strauß nehme ich
nicht auf: die Narzissen der Eitelkeit; die Seerosen

der Gleichgültigkeit; ich trete auf die Stechpalmen – Zeichen meiner Verweigerungen und Widersprüche.

Dann lege ich einen Teppich aus Resedas, die Blume der Liebe. Eine Volubilis soll dir meinen Wunsch, dir zu gefallen, anzeigen; ein Zweig vom japanischen Firnisbaum, um für deine Wohltaten zu danken; ein Zweig Majoran, um dir mein Vertrauen zu bekunden. Dann lege ich feierlich in die Mitte meines Gesteckes eine Orchidee, die auf anderen Pflanzen wächst, den wunderschönen Stern von Madagaskar, der deinen Ruhm und deine Herrschaft symbolisieren soll.

Ich erkenne, mein Gott, mit der Blüte des Bilsenkrauts meine Schwächen und Sünden; doch ich kann nicht so überzeugend sprechen wie der Lotus. Aber mit der weißen Pflaumenblüte will ich dir treu sein; und zärtlich wie Flachs und Jasmin, mild wie die Malve und leidenschaftlich wie die Rose flehe ich dich an, mir den Frieden der Olivenblüte zu geben, und in der Blüte Tausendschön deine Liebe für alle Ewigkeit.

Gebet für Ostern oder Neujahr

Mein Zahnarzt hat mit ernster Miene zu mir gesagt:

„Mein Herr, einmal im Jahr muss man diesen schwarzen Belag entfernen, der Ihre leuchtenden weißen Zähne bedroht … Zahnsteinentfernung!"

Der Weinfachmann, der Kellermeister, der Heizungsfachmann und der Bleisachverständige, und ebenso der Mann in der Autowerkstatt – alle stimmen das gleiche Lied an: den Belag entfernen. Die Fässer, die Heizkörper, die Wasserkräne, die Kessel, am Auto, die Kerzen, die Batterien und die Schrauben – Belag entfernen, Belag entfernen!

„Und was ist mit der Seele?" fragt der berühmte Hämatologe Jean Bernard.

Ich antworte ihm ohne Zögern: „Die Seele auch! Sie muss gereinigt werden von ihren Phosphaten und Karbonaten, vom Belag, ihren Sünden. Die schlechten Gewohnheiten entfernen, die Routine, die verstopften Leitungen. Mit dem Meißel, der Nadel, dem Skalpell: den wohlverwahrten Hass, die Kruste der Vorurteile entfernen. Mit Schmirgelpapier die Oberflächen abreiben, den Schimmel beseitigen: unsere nie gebeichteten, nie vergebenen Sünden, die uns aggressiv und kraftlos machen, die uns derart auf der Haut kleben.

Einmal im Jahr muss der Belag entfernt werden: an Ostern oder an Neujahr; die Feuerwehrmänner vielleicht am Barbaratag, die Iren am Patrickstag; oder wann sie wollen. Entfernen wir, entfernen Sie den Belag!

Gebet, dass man stets über die Nasenspitze hinausschaut

„So kam er nach Nazareth, wo er aufgewachsen war, und ging, wie gewohnt, am Sabbat in die Synagoge. Als er aufstand, um aus der Schrift vorzulesen … Seine Rede fand bei allen Beifall; sie staunten darüber, wie begnadet er redete, und sagten: Ist das nicht der Sohn Josefs?" (Lk 4,22 ff)

Als Kind kannte ich einen Pfarrer, der ein wahrer Jünger Jesu Christi war. Wenn er in der Kirche redete, waren seine Worte voll Feuer, und sie bewegten mich tief. Eines Tages fragte ich meine Schulkameraden in aller Unschuld: „Sagt mal, ist der Pfarrer B. nicht ein wirklicher Heiliger?" Sie lachten mich aus: „Da sieht man, dass du nicht von hier bist! Wir kennen die B's. Seine Alten wohnen in einem baufälligen Haus am Ende der Welt, der Vater ist Alteisenhändler, und die Mutter eine halbe Zigeunerin!" Und sie wussten allerlei Geschichten über die B's. „Eines Tages hat der Vater, total besoffen, Polizisten angegriffen." Und sie erzählten noch so mancherlei … „Aber er", sagte ich erneut, „ist er nicht ein Heiliger?"

Sie zuckten nur verächtlich die Schultern. Der Pfarrer wurde bald in ein anderes Dorf versetzt und wirkte dort wahre Wunder.

Lass mich, Herr, dein wahres Gesicht hinter dem

Vordergründigen finden; befreie mich vor der stets drohenden Kurzsichtigkeit, damit ich die oft so nahe Schönheit und Liebe erkenne. Das ist heute mein Gebet.

Ich bete um Zärtlichkeit

Tiere und Menschen sind begierig danach: Gewalt und Hass entstehen aus Verletzungen, sind nur Masken ... der Zärtlichkeit. Die Christen suchen sie unaufhörlich in Veranstaltungen, bei Laien, bei Priestern, und sie finden sie selten.

Ich bitte, Herr, um ein Körnchen Verrücktheit, Milde, um die Milde der Zärtlichkeit. Ich bitte um den Blick, der versteht und verzeiht, ohne den Fehler oder die Sünde zu kennen; bitte um das Wort, das ermutigt, zögert, sich zurücknimmt, singt, streichelt; das Wort, das zuhört, errät, schließlich schweigt, damit man sich leichter verständigt.

Ich bete um die Hand, die die Faust öffnet, sich öffnet und „Salz und Brot" als Zeichen der Geschwisterlichkeit anbietet.

Ich bete um ein Lächeln, nicht das der Höflichkeit, des Geschäfts und der Wohltätigkeit, sondern um ein Lächeln, das von Herzen kommt, den Mund öffnet, Grübchen in die Wangen bringt, die Stirn glättet, und auch die Nase und die Augen leuchten lässt; ein Lächeln, das zögernd kommt, anhält, aufblüht wie eine Blume an einem Morgen im Mai.

Ich bitte dich, Herr, verleihe, dass jeder Mensch dieses Kleingeld der Liebe erhält und weiter gibt. Ich bitte dich, Christus, du Gott der Zärtlichkeit.

Gebet, um den Frieden wieder zu finden

Mein Gott ist ein Gott der Ruhe.

Er ist da, er rührt mich an, er salbt mich mit Frieden. Und ich schweige.

Wenn ich die Nerven verliere, der Zeit hinterher laufe, mein Geist von Hirngespinsten gejagt wird; wenn ich weine, mich errege, schreie, singe, heule, jubiliere …

Dann denke ich an ihn.

Mein Gott, du bist der Gott der Ruhe.

Du bist tief in meinem Herzen Zartheit.

Der Herr ist da, er rührt mich an, er salbt mich mit Frieden. Und ich schweige.

Gott ist unser Vater

Meine Tochter. Ich verwünschte sie manchmal. Drei Jahre hatte ich sie nicht mehr umarmt. Die Arbeit, die Vergnügungen, Amerika, das Leben halt … Der Egoismus der jungen Generation. Und dann ist sie gekommen. Plötzlich stand sie da. Ich habe ihr nicht prüfend ins Gesicht geschaut, habe nicht darauf geachtet, ob sie dick oder mager, mehr oder weniger gut angezogen war. Ich habe nichts abgeschätzt, beurteilt, verglichen, geprüft, gewogen, gemessen. Ich habe sie in die Arme genommen, wie man einen Laib Weißbrot an sich drückt, wenn man vor Hunger stirbt.

Erst dann habe ich meine vier Enkelkinder gesehen, die Wiese vor dem Fenster, den Ahornbaum im Garten, die Birken, den heiteren blauen Himmel.

Was immer wir von Gott sagen, unsere Klagen, unsere Forderungen, unsere Erbansprüche, die Zeiten seiner Abwesenheit – wenn wir ihm dann wieder begegnen, werden wir diese Gewalt, diese Glut, dieses überwältigende Licht erfahren. Gott ist unser Vater, wir brauchen keine Angst vor ihm zu haben, wer immer wir auch sein mögen. Alles wird vergessen sein, alles wird von der Liebe verzehrt werden, wie bei einem Vulkanausbruch.

Die Liebe eines Kindes

„Du hast uns zu dir hin
geschaffen, und unruhig ist unser
Herz, bis es Ruhe findet in dir"
(Augustinus, Bekenntnisse)

Albert liebt Juliette. Er liebt sie zärtlich. Er ist acht Jahre alt. Wenn er morgens aufwacht, fühlt er sich wohl, ist glücklich. Er denkt an Juliette. Er sieht vor sich ihre braunen Zöpfe, ihre mit Tinte verschmierte Hand und diesen komischen Gummi, den sie in der grauen und langweiligen Schule kaut. Er verehrt diesen Kaugummi, und seine Mutter versteht nicht, warum er sie gebeten hat, ihm im Supermarkt einen solchen in Form einer Schnecke zu kaufen: „… Verstehst du, so etwa, etwas länglich, mit Hörnern."

„Dieses Kind ist verrückt", denkt die Mutter.

„Das bedeutet nichts", sagt der Vater, „ich war in seinem Alter verrückt auf Schnecken."

In der Schule ist Albert sehr aufmerksam. Er schaut Juliette an, er hat ein merkwürdiges Gefühl, ist fröhlich, aber auch ein wenig unruhig.

„Juliette, ist das deine Freundin?", fragt ein größerer Mitschüler brutal.

Er wird rot: „Nein, nein!"

Juliette ist etwas ganz Anderes, etwas Köstliches und Verrücktes, das nur ihm allein gehört. Liebt Juliette ihn? Wenn sie lächelt, bedeutet das: ja. Sie geht vorbei, ohne sich umzudrehen, das bedeutet: nein, oder: vielleicht. Auf dem Klavier der Zärtlichkeit, wie in der Arie von Freud und Leid, durchlebt der kleine Mann die Lehrzeit des Herzens.

Mein Kind, der Herr nimmt dich bei deinem Lebensanfang an der Hand; und im Wagnis der Zeit, die ihren Lauf nimmt, wirst du die wahre Heimat nur in ihm finden.

Das Gebet als Gesang

Am Fest der heiligen Cäcilia, der Patronin der Musiker, ist in der Dorfkirche alles aus den Fugen. Die Harmonie der Gemeinde gerät durch falsche, zu hohe Töne in Gefahr, die große Trommel trifft sich mit den Pauken zu nahe am Mikrophon: Tschingderassa, Bumm, Bumm! Die Blechinstrumente übernehmen sich bei dem Versuch, den Lärm zu übertönen, ohne den Faden der Melodie zu verlieren. Der Pfarrer verfehlt bei der *Präfation* den richtigen Ton, und alles geht in einem Gemurmel unter. Die Gemeinde gerät außer Atem und kann dem Organisten nicht folgen; der ist unberechenbar, er probiert ausgerechnet beim *Agnus Dei* eine Melodie nach seinem Geschmack aus.

Ich, in meiner Ecke, halte mutig die Stellung und singe sehr laut und sehr falsch.

Der Herr Pfarrer gönnt uns durch seine Predigt eine Pause. Jeder kommt wieder zu Atem. Der Solist reibt sich die Kehle, zwei Mädchen unterdrücken ein Lachen, Vater Gustav leitet mit leichter Hand den Männergesangverein. Dann ist in unserer Dorfkirche alles wieder wie vorher: die Harmonie der Gemeinde, der Pfarrer, der Kinderchor und der Damenchor, und ich in meiner Ecke: Alles gerät durcheinander, alle verlieren den ruhigen Ton, beten aber voller Begeisterung zur heiligen Cäcilia, der Patronin der Musiker.

Mein Gott, der du im Himmel die Harfen der Engel hörst, segne unser Dorf und unsere musikalischen Begabungen.

Gebet für die Armen

„Es ist nicht leicht, die Armen zu lieben! Zu-
nächst einmal, sie sind arm, und das allein ist schon
eine Schwäche, aber darüber hinaus sind sie meist
noch hässlich, schmutzig, und ihr Geruch erinnert
weder an Rosen noch an Geranien. Wenn sie wenig-
stens daheim blieben … Aber einige haben die
schlimme Gewohnheit, ihre Lumpen und ihre Flöhe
auf den Straßen zu zeigen! Ich kenne sogar welche,
die sind arm und dazu noch Nordafrikaner oder
Schwarze … Das ist, das werden Sie zugeben, ein
bisschen zuviel! Ich sagte gestern zu unserem
Pfarrer: ‚Ich schicke jedes Jahr an Weihnachten
einen Scheck an das Hilfswerk für die Armen der
Dritten Welt. Aber kommen Sie mir nur mit einem
dieser Elenden nicht zu nahe, das ertrage ich nicht,
da ziehe ich mich zurück, das schaffe ich nicht,
schon rein physisch …‘

Sie entgegnen, dass Christus auch arm war und
nackt im Stall auf dem Stroh lag. Erlauben Sie mal!
Das ist schließlich nicht dasselbe; schauen Sie
sich die Krippe im Dom an … Die Kerzen, die Blumen, die Weihnachtslieder, der Weihrauch, und
dieses rosige und charmante Baby! Das ist voll
Poesie, bewegend.“

Glauben wir wirklich, dass unser Herr durch Zufall, Faulheit oder Laune arm zur Welt gekommen ist? In Wahrheit schaut Christus uns mit den Augen aller Elenden an, und dieser Blick brennt in uns. Er bedrängt uns, auf die Spielzeuge und das Flitterwerk des Reichtums zu verzichten, damit wir uns zitternd, ein wenig Liebe in unseren leeren Händen, zu der fordernden Begegnung mit den Armen und Erniedrigten auf den Weg machen.

Und Vorsicht! Die Armen sind schrecklich, sie sind das Alarmzeichen Gottes.

Ich bitte dich, Christus, für alle Christen, die die Armen lieben, indem sie sie nur mit Handschuhen anfassen und sich dabei die Nase zuhalten. Und ich bitte dich für mich, Herr, ach, leider auch für mich …

Gebet um Geschwisterlichkeit

Am großen Tisch im Pfarrhaus sitzen nur wenige: ein reformierter Pastor, unser Pfarrer, noch drei Katholiken, zwei Reformierte, ein Orthodoxer, ein Lutheraner … Wir sprechen ziemlich lebhaft über unseren jeweiligen Glauben. Dann eine Pause.

Einer ruft den Heiligen Geist an: „Durchdringe uns, Heiliger Geist, damit dein Atem uns erfüllt …"

In der Stille, die durch unser Atmen kaum gestört wird, mache ich mir meine Gedanken … Wenn der Staub wieder unsere Städte bedeckte; wenn der Stoff der Erde mit ihren Meeren, der Sonne, den Wiesen

und dem Gehölz sich auflösen und zerfallen würde; wenn der Lärm der Menschen, ihre Streitigkeiten und Eitelkeiten allmählich ein Ende hätten; wenn nur noch der Herr vor uns stünde …

„Wie bist du deinen Weg bis hierher gegangen?", würde er mich fragen, sein Notizbuch in der Hand. „Auf welchem Weg, welchem Pfad bist du zu mir gekommen? Bist du links oder rechts gegangen? Warst du ein Progressiver, Konservativer, Charismatiker, Kopte oder Maronist? Reformiert, lutherisch, evangelisch, altkatholisch oder römisch-katholisch? Warst du orthodox, dem Ritus nach? Hinab mit dir! Du weißt nicht einmal genau, wohin du gehörst!"

Glauben Sie im Ernst, dass der Herr uns mit dem Notizbuch in der Hand erwartet? Der Pastor mir gegenüber am Tisch lächelt.

Die Schmetterlinge

Der April ist der Monat der Blütenknospen und der Schmetterlinge. In unserer bescheidenen Landschaft begegnet man kaum den besonders prächtigen Schmetterlingen mit den grünen, schwarz umrandeten Flügeln, oder denen, deren metallenes Blau so stark ist, dass man die Augen abwendet. Es taucht zwar mal ein orangefarbener auf, oder einer, der wie mit blauer Seide bekleidet ist, oder einer wie aus flammender Tigerhaut. Aber gewöhnlich sind es braune oder weiße Schmetterlinge. An einem schönen Mittag im April träumte ich in meinem Garten vor mich hin und beobachtete einen, wie er sich zwischen den Blumen bewegte. Er flog hin und her, streifte die Gänseblümchen, streichelte mit dem Flügel einen kleinen Veilchenteppich, grüßte mit dem Rüssel eine goldene Knospe, von der einen,

von der anderen Seite, umkreiste den ersten Flieder.
Wie bist du leicht, sagte ich zu ihm, voller Grazie,
sorglos – und doch musst du mit dem Frühling sterben.

So sind meine kleinen Töchter herumgetanzt, als
sie sechs und neun Jahre alt waren. Ich sehe sie
wieder vor mir, mit fliegenden braunen Zöpfchen,
wie sie lostanzten und in den Wiesen herumspran-
gen. Aline, mit tiefschwarzen Augen, und Cathie,
mit kastanienbraunen, immer zum Lachen bereiten
Augen, mit ihren manchmal noch ungeschickten
Bewegungen … Ich erinnere mich an einen April-
abend, da liefen sie durch die Kornfelder, in roten
Schürzen, die Beine braungebrannt, waren gar nicht
mehr zu halten. Und ich betete, betete, dass dieses
Glück ewig währen möge. Man sagt, die Kinder
wachsen, aber heute weiß ich, dass das wahr ist. Sie
leben nur eine Jahreszeit und sterben wie die
Schmetterlinge …

Herr, du mein Fels, zu dir erhebt sich mein Gebet,
denn du allein bleibst für immer.

Das Gebet des Ungläubigen

„Aber bittet Gott, er möge uns
alles verzeihen" (François Villon)

Ich weiß nicht, oh Gott, ob du existierst. Der hier in dieser kleinen Kapelle vor dir kniet, ist ein Ungläubiger. „Horatio, es gibt mehr Dinge zwischen Himmel und Erde, als eure Schulweisheit sich träumen lässt", sagt Shakespeare, und am Abend meines Lebens als Ungläubiger zweifle ich sogar an meinem Unglauben.

Was tun, wohin gehen, wen um Rat fragen? Die Menschen singen alle ihr Liedchen, sie ziehen dich am Ärmel nach rechts, nach links, nach vorne: „Gehen Sie dahin, nicht dorthin. Ich, nein ich, doch ich habe den Schlüssel, die Lösung." Geschrei, Demonstrationen, Gegensätze, Misstöne, Konfusion. Für ihren Glauben oder seine Ablehnung töten sie, bringen sie an den Galgen, und wenn nötig, machen sie sich gegenseitig zu Märtyrern. Mein Geist schwankt. Du bist mir zu wenig aufgeklärt, schreien die Rationalisten! Armer Blinder, nimm Weihwasser, und deine Augen werden sich öffnen, belehrt mich der Katholik.

Am Ende meiner Kräfte und meiner Vernunft, richte ich heute Abend mein Gebet zum Himmel, sei er bewohnt oder unbewohnt: das Gebet des Ungläubigen.

Oh Gott, wenn du existierst, verzeih mir meinen Unglauben. Man sagt, du seiest Liebe, und ich habe sie so nötig, wie jeder Mensch auf dieser Welt; ich habe derart Hunger nach Gerechtigkeit und Liebe. Oh Jungfrau, so schön und zart, dein Bild sehe ich in den Kirchen, und all ihr Heiligen, und all ihr meine Menschenbrüder, bittet Gott, er möge uns allen, den Gläubigen und Ungläubigen, vergeben.

Gebet im Herbst

Auf dem sonnigen Hang die Weinberge: das flie-
ßende Grün, das Rot, das sich bereits am Rand der
Blätter zeigt ... Auf meinem Stückchen Land, das
ich dem Wildwuchs überlassen habe, drei oder vier
Weinstöcke; mit dunklen Trauben, die sich an die
Stöcke anschmiegen.

Meine Hütte in hellem Braun, das Dach blassgrün,
wie ein Hut gegen den Regen; ein Fenster, klein wie
in einem Puppenhaus. Meine Einsiedelei inmitten
von wild wachsendem Grün, Sträuchern und Zwerg-
kiefern. Wenn es Abend wird im Tal, sieht man den
Kirchturm von Broc, er sammelt die dichtgedrängten
Häuser und die kreuz und quer laufenden Straßen
um sich.

Der Friede, die köstliche und gelassene Milde des
Oktobers. Vor der Hütte sitzt meine Frau und
träumt.

Mein Gebet ist ein Stern, der leuchtend am
Herbsthimmel aufgeht.

Der kleine Albert hat Zahnschmerzen

Albert hat Zahnschmerzen, er plagt seine Mutter. „Das brennt, zwickt, glüht, da, da", und er deutet mit dem kleinen Finger auf den bösen Backenzahn.

„Eine Kleinigkeit", erklärt der Papa, „in meiner Kindheit hat man den Zahn mit einem Faden umwickelt, das andere Ende des Fadens an die Klinke der Tür, und, Klack, die Tür zu und der Zahn war gezogen." Mama lehnt diese barbarische Methode ab und zieht es vor, mit Albert zum Zahnarzt zu gehen.

„Madame", erklärt mit fachmännischer Miene der Zahnarzt, „dieser Backenzahn ist ein Milchzahn,

den man nicht so einfach ziehen kann, denn das Risiko ist groß, dass man das Wachsen des neuen, bleibenden Zahns stört. Das ist eine ernste Sache."

Der Fachmann arbeitet im weißen Kittel. Die Instrumente surren, vibrieren, sprühen Funken. Albert hat den Mund weit offen, sein Herz schlägt wild, die Hände an die Sessellehnen geklammert, er drückt sich tief in den Behandlungssessel.

„Sehr mutig", sagt Mama. „Er hat keinen Ton von sich gegeben."

„Gestern", erzählt Albert so nebenbei seiner Freundin Juliette, „war ich beim Zahnarzt, ich durfte auf dem Rollsessel sitzen, wurde mit dem Bohrer, der Zange und all den Zutaten behandelt."

„Tut das weh?", fragt Juliette ängstlich und naiv.

„Pah", antwortet er und lächelt bescheiden wie die wahren Helden.

Doch zu sich selber und zum Herrn, der ihm vielleicht zuhört, sagt er: „Ich habe auch gebetet dabei."

Das Wunder

„Das Wunder von Kana verstehe ich einfach nicht!"

„Nun", sage ich, über die Heftigkeit dieser Aussage erstaunt, „das ist ein Wunder unter anderen Wundern ..."

„Was ich dabei nicht begreife", erwidert mein Besucher aufgebracht, „dass Christus, der von seinem Vater einen äußerst wichtigen Auftrag bekommen hat, seine Zeit mit solchen Kleinigkeiten verliert."

„Aber", sage ich, ein wenig überrascht, „er hat Wasser in Wein verwandelt, um seiner Mutter einen Gefallen zu tun, um seine Gastgeber zu ehren und um ein Hochzeitsmahl vor einem Reinfall zu bewahren. Ich sehe nicht ..."

„Sie sehen nicht", erwidert mein Gesprächspartner mit leichter Verachtung, „dass es sich hier um ein sehr seltsames Wunder handelt? Den Lazarus auferwecken, oder die Tochter des Jairus ... gut; Aussätzige, Blinde, Lahme, Gichtbrüchige, einen Dämon austreiben ... gut, zur Not noch einen Mondsüchtigen – das verstehe ich, das akzeptiere ich ..."

„Sie sind ein zu guter Mensch", erwidere ich mit leichter Ironie, die mein Gegenüber nicht gelten lässt.

„Nein, Wasser in Wein verwandeln bei einem Hochzeitsessen! Damit einigen schon rot angelaufenen Betrunkenen die Gelegenheit zu geben, sich noch mehr zu betrinken! Nein und nochmals nein! Das nenne ich ein überflüssiges, verschwendetes, ja frivoles Wunder!"

„Na", kann ich nur noch verblüfft erwidern, „frivol?"

„Ganz und gar!"

„Jesus Christus", murmele ich, „hatte seine verborgenen Winkel der Feinfühligkeit, der ganz und gar menschlichen Zartheit. Was mich betrifft: In Kana habe ich ihn sogleich geliebt, noch bevor ich ihn näher kennenlernte."

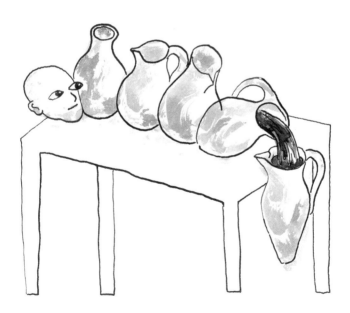

Ein heiteres Gebet

An diesem Herbstmorgen ist der Himmel klar,
und ich lasse mich sorglos vom Wind treiben.
Heute Morgen fühle ich mich wohl, und ich rufe
dich an, Herr; mit meinem Gebet für die leichten
Tage, mit meinem heiteren Gebet.

Ich weiß, dass es Brauch ist, für dich allen Kum-
mer zu reservieren, dich in Furcht, Angst, Verzweif-
lung und Trauer anzurufen. Ich mache es ja selber
so. Aber merkwürdigerweise vergisst man dich an
den Tagen der Freude. Wie es sich gehört, singt man
an den Hochfesten, am strahlenden Osterfest, dem
schon halb heidnischen Weihnachten, den Sieges-
und Befreiungsfeiern ein *Deus Jubilate,* ein
Resurrexit. Aber die kleinen leichten Tage, die
frohen und heiteren Morgenstunden zählen nicht,
keinem liegt dann an deiner Anwesenheit, man
vergisst dich einfach.

Ich spreche zu meinem Gott in der kleinen Freude, die heute in mir ist. Ich vertraue mich ihm an.
Ich biete ihm die silbernen Säulen der Birken an; die
Goldammer mit dem braunen Köpfchen, die oft auf
den Telefondrähten sitzt und singt und lustig den
Schwanz bewegt; den Wind, der zart die roten Blätter berührt. Du bist da, mein Gott, gegenwärtig in
meinem gelösten Gehen, in dieser Blume, die mir

zulächelt. Ich bin dir nahe, ohne mich zu schämen, ohne Trotz oder dem Bedürfnis nach großen Worten. Du bist da, in meinem Herzen, in diesen heiteren Morgenstunden. Auch dann.

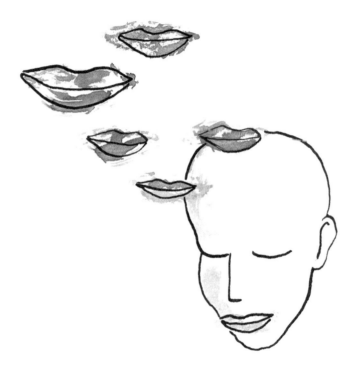

Gebet an Regentagen

Es regnet. Der Himmel hängt tief und ist grau; Äste von Birken im Garten triefen vor Nässe; auf dem Boden bilden sich schmutzige Pfützen; mein Hund, an den Schuppen geschmiegt, schaut mich an: Es regnet.

Ich kann nur knurrend beten: „Das dauert jetzt schon drei Tage, Herr, dass wir mürrisch in diesem Schlamm herumtappen, immer nur Regen, alles grau. Drei Tage, das reicht jetzt!"

„Ich verstehe dich nicht", sagt der Herr, „ich finde, so ein Regen ist eine gute Sache!"

Ich schaue Gott aus dem Augenwinkel an, um zu sehen, ob er sich über mich lustig macht. Aber er ist ganz Zärtlichkeit, ganz Liebe, wie gewöhnlich.

„Das ist vielleicht ein schöner Regen", schimpfe ich, „ein Meisterwerk an Wolken, aber der Regen und das Grau, das ist düster, traurig, auf die Dauer erinnert es an den Tod!"

„Mein Freund, der Regen ist nur Regen, über den Rest befindet dein Herz …"

Später habe ich diese Worte begriffen. Heute lobe ich den Herrn und bete voll Vertrauen an Regentagen.

Gebet für die Übereifrigen

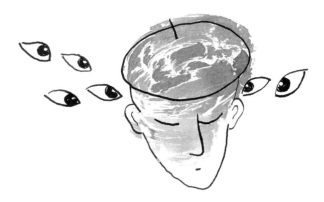

„Das ist ein Mangel an Anstand, eine Grobheit, ja geradezu eine Flegelei gegenüber dem Lieben Gott", sagt Madame K. abschließend.

„Über was sprecht ihr denn?", fragt genüsslich Madame R., ihr verstorbener Mann war Notar.

Ich greife ein, bevor sich die Gruppe dieser Damen nicht noch mehr erregt, bevor ihre Entrüstung dem Schuldigen zu Ohren kommt. Das sind die Fakten: Dieser arme Monsieur B. hat eine Glatze, total. Während der Messe friert er. Also bedeckt er den Kopf mit einer Baskenmütze, und wenn er sich beobachtet glaubt, nimmt er sie ab und steckt sie verstohlen in die Tasche. Heute hat er, mit dem Kopf offenbar woanders, aber noch unter der Baskenmütze, vergessen, sie abzunehmen.

„Eine lässliche Sünde", sage ich zu den Aufgeregten. „Meine Damen, wenn hier ein Vergehen vorliegt, dann ist es doch ohne große Bedeutung. Viel schlimmer scheint mir zu sein, dass Sie sofort wieder darauf aufmerksam machen und sich erregen. Ihre Überempfindlichkeit, Ihre unnachsichtige, streitsüchtige Haltung, die Art, wie Sie sich aufregen, enttäuscht und beleidigt fühlen, sind für mich deutliche Zeichen dafür, dass Ihr Gesichtskreis beengt ist. Und um noch deutlicher zu werden: Da zeigt sich eine seelische Beschränkung, dass es einem kalt über den Rücken läuft.

In der Bibel steht, dass jedes unserer Haare gezählt sei.

Glauben Sie wirklich, meine Damen", frage ich in allem Ernst, „dass eine einfache Baskenmütze den Herrn daran hindern wird, seine Aufgabe gut zu erfüllen?

Und besonders, wenn es um einen Glatzkopf geht!", schloss ich, beiseite gesprochen.

Eigentümer

„Denn wo euer Schatz ist, da ist auch
euer Herz" (Lk 12,34)

Mir gehört nichts. Nicht der Morgenhimmel, nicht
die Fluren und Felder, die Weinberge und Hügel, ja,
nicht einmal das Stückchen Erde, das ich mit meinem Geld erworben habe, auf dem die Birken und
Eichen wachsen.

Nichts gehört mir ... weder mein Keller, noch
mein Speicher, auch meine Kleider und mein Tele-
fon nicht.

Ich bin der Nutznießer dieser Haut, meines Ge-
sichts, der Hände; und meine Jugend, die Gesund-
heit, die Frische sind mir eine Weile ausgeliehen
worden von dem Herrn aller Güter.

Ihm werde ich sie zurückgeben: Sieh, Herr, hier
sind die Talente, die du mir am Morgen meines
Lebens verliehen hast.

Alles ist gut.

Das Gebet meines Pfarrers

In dem großen Sitzungszimmer im Pfarrhaus hängt eine Ikone. Gold. Patina. Zartheit. Wenn wir Sitzungen haben, schaut der Pfarrer sie an und lächelt.

„Sie lieben die Heilige Jungfrau sehr", sage ich, um ihn etwas zu ärgern, „Sie betrachten sie dauernd."

„Ja", sagt er gelassen.

An einem Morgen im Mai taucht im Pfarrverband ein Gerücht auf, läuft von Haus zu Haus in den acht Dörfern, der Gemeinschaft der Pfarrgemeinden, die unter seiner Leitung stehen: Der Pfarrer geht weg ... der Pfarrer geht weg! Wir haben Liturgieausschüsse, eine Rosenkranzgruppe, eine für die Ewige Anbetung, einen Kirchenchor, zwei Verantwortliche für die Jugendarbeit, Damen für die Katechese, zwei Organisten, einen in A., den anderen in B., und drei Ordensfrauen im Ruhestand. Aber wir haben nur einen Pfarrer. Wehmut. Verwirrung. Der Pfarrer geht weg. Der Bischof hat so entschieden. Es kommt ein anderer, den man kaum kennt, an den man nicht gewöhnt ist. Bei der letzten Predigt unseres Pfarrers sind alle Einwohner aus den acht Gemeinden da, es ist zum Ersticken eng. Da sind die blauen Augen eines Kindes und weiße Haare, die im Wind flattern. Er spricht … und was sagt er? Einfache Dinge, tausendmal gehört, einfach das, was er vom lieben Gott weiß.

Plötzlich macht er eine Pause. Er schaut all diese Gesichter an, die er seit mehr als zwanzig Jahren so gut kennt; er hat sie getauft, verheiratet, die Angehörigen begraben. Seit zwanzig Jahren wirkt er hier …

„Ah!", fährt er dann fort, „der Weg ist kurz, unsere Wege kreuzen sich, und dann schon …"

Nach einer weiteren Pause schließt er:

„Beeilt euch – euch zu lieben."

Unser Pfarrer hat uns ein Gebet hinterlassen, ein Gebet, das keinen Namen, keine Worte hat. Es bedeutet: einander vertrauen, Austausch von Liebe; das Lächeln eines alten Pfarrers zu einer Ikone, die im Sitzungszimmer unseres Pfarrhauses hängt.

Gegen die Inflation beim Beten

Jeder weiß mehr oder weniger, was eine Inflation ist. Für die Leichtsinnigen sei nochmals festgehalten: ein exzessives Anwachsen der Geldmenge im Verhältnis zu den Gütern, die sie repräsentiert. Die Weimarer Republik hat z.B. eine Periode der Inflation erlebt. Man brauchte einen Schubkarren, mit Reichsmark beladen, wenn man sich eine Schachtel Streichhölzer kaufen wollte. Die Inflation ist die ägyptische Plage des Geldes und der Wirtschaftssysteme. Und sie ist auch eine Krankheit des Gebetes.

Ich kenne dieses Übel, Herr, ich bin selbst davon angesteckt. Ich rufe dich, mein Gott, mit großem Getue an, meine Stimme überschlägt sich, ich erkläre Liebe ... Meine Tasche ist zum Platzen voll mit hohlen Phrasen, mit entwertetem Geld.

„Nicht jeder, der zu mir sagt: Herr! Herr! wird in das Himmelreich kommen, sondern nur, wer den Willen meines Vaters im Himmel erfüllt" (Mt 7,21).

Das ist mein Gebet, Herr: dass ich meine Zunge beherrsche, dass meine Worte nicht weiter reichen als mein Herz. Ich will den Motor nicht aufheulen lassen, wo ich ihn in meinem Leben besser ausschalten sollte. Ich will nicht mehr schreien, dass ich dich liebe, Herr, bevor ich dich nicht ein klein wenig geliebt habe.

Schweigend beten

Ich hatte mir vorgenommen, ein herrliches Gebet
zu verfassen, ein langes Gedicht in der Nachfolge
des Ijob oder des Elihu. Wie sie wollte ich von jenem Gott sprechen, dessen Lebensalter unergründ-
lich ist, der über den Gang der Wolken bestimmt,
der, wann immer er will, den Regen, den Schnee,
die Sintflut hervorruft, der mit beiden Händen die
Blitze schleudert, der die Erde segnet mit Südwind,
wenn sie auszutrocknen droht.

Ich habe Seiten, Hefte vollgeschrieben, und ich
redete und redete, benutzte Zimbeln, Harfen, die
Panflöte und das Piano forte; ja sogar den Aufruhr
der Orgel, den ergreifenden Klang der Bratsche. Ich
rief alle Worte, die ich kannte, zu Hilfe, und alle, die
ich zufällig beim Lesen aufgeschnappt hatte. Ich
habe dich, Herr, angebetet mit meinem Blut, meiner
Trauer, meinem Herzen. Und ich habe wie im
Rausch die Worte zu Papier gebracht, die ich in einer flammenden Sprache erfand.

Aber dabei bin ich nicht – wer bestimmt darüber? – ein Prophet mit Inspiration geworden. Am
Ende musste ich meine Ohnmacht eingestehen, meinen Hochmut, meine Eitelkeit. Ich schaute den Himmel an, wo du wohnst, Herr, und ich warf mich,
voll Staunen wie ein Kind, deiner Liebe entgegen.

Mein geschwätziges Gebet hatte sich endlich erschöpft.

Du bist, Herr, du BIST, und meine Seele verbirgt sich schweigend in dir.

Gebet um ein Lächeln über unsere Eitelkeiten

„Sie kennen mich, Herr Pfarrer, ich bin ein treuer Christ, pünktlich beim Gottesdienst, immer bereit, den Glauben zu bezeugen ..."

„Zweifellos", sagt der Pfarrer, „aber ... Sie wollen doch beichten, denke ich."

„Ich darf mich rühmen, in drei christlichen Zeitschriften zu veröffentlichen, ich habe vor kurzem einige sehr gut angenommene Stellungnahmen im Rundfunk abgegeben ..."

„Gewiss, aber ..."

„O, ich kann in aller Bescheidenheit sagen, dass ich nicht zu den Rentnern gehöre, die sich gehen lassen: Ich sehe da in meiner Umgebung einige, die sich wirklich hängen lassen, zum Erbarmen. Ich dagegen ..."

„Da kann ich Sie nur beglückwünschen, mein Herr, aber können wir jetzt ..."

„Und mein Stil! Ich frage Sie unter vier Augen: Haben Sie meinen Stil bemerkt? Lebendig, spritzig, aber natürlich zugleich solide."

„Ja ... zweifellos ..."

„Niemals einen Verstoß gegen ein gutes Französisch, ich gehöre zur alten Schule, Orthographie und Syntax, das habe ich noch in den Fingerspitzen!"

„Ja, ja ..."

„Sehen Sie auch die Chance, die Sie haben, Herr Pfarrer, dass Sie in Ihrer kleinen Landpfarrei einen Christen wie mich haben!"

„Ich bin mir dessen wohl bewusst, mein Herr, jedoch …"

„Ah, ich bin sehr unter Zeitdruck heute morgen, aber sehen Sie, nachdem ich Ihnen alles gesagt habe, kann ich fröhlich von dannen gehen. Es tut doch gut, zu beichten …"

N.B.: *„Wie das Prasseln der Dornen unter dem Kessel, so ist das Lachen des Ungebildeten"* (Koh 7,6).

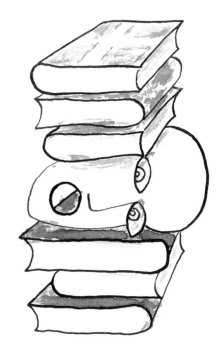

Gebet für zwei Ordensschwestern

Die eine Ordensschwester ist 81 Jahre, die andere 76 Jahre alt. Die Ältere ist sanft, ein wenig gebeugt, angenehm unfrisiert, ein liebenswertes Halbmondgesicht; die Andere hält sich sehr gerade, ihr Gesicht wird von leicht gekräuselten grauen Haaren umrankt. Madeleine ist nachdenklich geduldig, Solange eher lebhaft, spontan, mit jähem Lachen. Im Dorf bewohnen sie, ein paar Schritte von der Kirche entfernt, drei Zimmer, die vor Sauberkeit glänzen. Früher und bis vor kurzem haben sie Unterricht gegeben, Kranke gepflegt, geholfen, weitum im Land. Madeleine, die Sanfte, war Lehrerin, und der einzige Anlass, der ihren Blick hinter der Stahlbrille hart werden lässt, ist die Entdeckung einer orthographischen Sünde: „Hier gehört ein ‚e' hin, das Partizip richtet sich nach dem Hauptwort; und da ein Komma!" Solange war Haushaltslehrerin, aber sie hat alles gemacht: Näherin im Haus, Familienberaterin, sie gab überall die Gruppenanregungen, war immer aktiv. Jetzt sind sie da, verbringen ihre alten Tage zusammen, fern ihrer Ordensgemeinschaft. Sie helfen noch in den Familien, nehmen an den Gottesdiensten im weitläufigen Pfarrverband teil. Aber ihre Aufgabe, ihre wahre Aufgabe ist einfach: da zu sein.

Wenn man die Tür zu ihrem Häuschen aufmacht, sieht man als erstes ein helles Band, auf dem in blauen Buchstaben steht: *Willkommen*. Willkommen Besucher, wer du auch seist. Du findest hier Gehör, Anteilnahme, das gute Brot der Geschwisterlichkeit. Die Eine wiegt mit dem Kopf, lächelt, stimmt zu, wäscht irgendwas, kommt zurück, setzt sich wieder hin, schweigt. Die Andere diskutiert, bekräftigt, lacht, sagt ihre Meinung. Beide hören zu, hören mit dem Herzen, mit einer Liebe, die Gott ihnen geschenkt hat. Sie sind da, mitten im Dorf, wie zwei Schattenbilder, das eine aufrecht, das andere sanft gebeugt. Sie geben Zeugnis von der menschlichen Hoffnung, sie reden von Gott, ohne darüber zu reden. Sie sind da wie die Hefe im Teig, unentbehrlich wie Salz und Wasser; auch sie nimmt man erst wahr, wenn sie einem fehlen.

Dir, Herr, ein besonderes Gebet der Danksagung: für all die Jahre, die du sie bei uns hast leben lassen.

Beten für Leute, die an Kirchenphobie leiden

Es gibt merkwürdige Krankheiten: etwa die Phobien. Die Angst vor Tieren, Menschen und Dingen, die eine Gefahr für uns bedeuten, ist berechtigt und ermöglicht uns, dass wir uns entsprechend verhalten. Aber wenn diese Furcht unvernünftig, exzessiv und zwanghaft wird, wird daraus eine Phobie. Im Klartext: Vor Löwen oder Tigern Angst zu haben, ist normal; wenn wir aber zittern beim Anblick einer Spinne oder einer Maus, dann gleiten wir in die Phobie ab.

Der Mensch ist geradezu erfinderisch in Unglücksarten: Er hat die seltsamsten, lächerlichsten Phobien, Ängste. Nennen wir nur einige:

Die *Ombrophobie*, die Angst vor Regen. Nicht sehr angenehm, wenn man in der Normandie lebt! Im Notfall kann man in ein trockenes Land auswandern. Aber wenn man an der *Uranophobie*, der Angst vor dem Himmel, leidet, wo soll man da hingehen, um sich zu verbergen? Es gibt auch Leute, die leiden an der *Graphophobie*, der Angst vor dem Schreiben: Sie telephonieren halt. Aber stellen Sie sich ein junges Mädchen vor, das an *Hapetophobie* und *Ommatophobie*, also an der Angst, angesehen und angerührt zu werden, leidet. Man kann ihm nur wünschen, dass es auch *gammophob* ist, also Angst vor dem Heiraten hat. Und der arme Verliebte erst, der *gephyrophob* ist, der Angst hat, über eine Brücke zu gehen. Und seine Geliebte steht auf der anderen Seite des Flusses und gibt ihm Zeichen: „Komm, komm doch!" – „Nein", ruft er erregt, „lieber sterbe ich." Eine schreckliche Situation. Und was soll man von den *Ochophoben* halten, die unfähig sind, ein Photo von vorn anzusehen. Und die erstaunlichste Spielart habe ich bis zuletzt aufgehoben: die *Phobophoben*: Sie haben Angst ... Angst zu haben!

Die Phobien erklären einigermaßen Verhaltensweisen, die bei Nichteingeweihten mysteriös erscheinen. Ich werde Ihnen ein Geheimnis anvertrauen: Wissen Sie, warum so viele Christen der Sonntagsmesse fernbleiben? Sie haben törichterweise geglaubt, das sei Faulheit oder Lauheit. Keineswegs! Sie sind *ekklesiophob*, leiden an Kirchenphobie. Sie werden von Panik erfasst, wenn sie den Fuß in eine Kirche setzen. Die Unglücklichen! Wir wollen für sie beten!

Beten

Man betet in der Kirche, klar. Manche Christen beten beim Aufstehen, beim Schlafengehen. In schwierigen Lagen betet man den Rosenkranz. Aber ansonsten hat der Christ anderes zu tun. Das Karussell der täglichen Sorgen, der kleinen Gedanken beanspruchen Verstand, Herz und Gedächtnis. Er lebt die Stunden vor sich hin ohne einen Blick zum Herrn.

„Wenn ich dauernd auf den Knien läge, wenn ich ständig zum Himmel hochschaute, wer macht dann meinen Haushalt? Und wer wird den Kindern was zu essen kochen, ihnen die Nase putzen, sie waschen?"

Dieser heftige Ausbruch rüttelt die Versammlung auf wie ein Schlag. Aber der Vortragende ist ein erfahrener Mann, er versteht seine Anliegen zu vertreten, auf einen Einwand einzugehen. Er fährt fort, ohne dass selbst seine Brille auf der Nasenspitze sich bewegt hat:

„Die große Teresa von Avila sagte zu ihren Mitschwestern: ‚Meine Schwestern, ihr könnt Gott auf dem Boden eurer Kochtöpfe finden!' Das Beten ist ein Strom, der sich allen Formen der Landschaft anschmiegt. Es ist nicht auf den Sonntagsgottesdienst beschränkt; es ist nicht immer ein liturgisches Ritual, nicht einmal ein Wort. Es kann eine Grundstimmung des Herzens sein, eine Weise, ‚die Schwermut durch Mut zu ersetzen', wie Lautréamont sagt; eine Grundstimmung, die Enttäuschung und Zorn durch ein heiteres Ja, und die Angst durch Liebe ersetzt. Das Beten ist ein Wärmestrom im Herzen, ein Licht, die Gewissheit einer Gegenwart: Christus als Begleiter unseres Alltags."

Alles ist noch so wie früher, und doch ist alles anders.

Das Gebet des armen Mönchs Barnabas

„Die Christen haben Glück", sage ich, „sie glauben an die Gemeinschaft der Heiligen. ,Ich bin der Weinstock, ihr seid die Reben' (Joh 15,1). Der gleiche Saft fließt von Christus zu uns, zwischen Christen, die ganz nahe und ganz fern sind. Das ist eine Sensation, die mein Herz höher schlagen lässt. Man stelle sich vor: Diese unzählbare Schar, diese Milliarden von Lebenden und Toten, alle vereint, alle Brüder und Schwestern der gleichen Familie Gottes. Das macht mich ganz verrückt, ich möchte tanzen und lachen und Purzelbäume schlagen …"

„Sie begegnen diesen Glaubenswahrheiten nicht mit dem Ernst, der ihnen gebührt", sagt der Theologe missbilligend. „Die Gemeinschaft der Heiligen ist ein Dogma, kein Spiel! Es handelt sich um eine wichtige Sache, um einen Eckpunkt der Glaubenslehre: die wirkliche Einheit der triumphierenden, kämpfenden und leidenden Kirche. Begehen Sie eine Sünde, dann sind Sie mitleidslos ausgeschlossen, abgeschnitten wie eine vertrocknete und wertlose Rebe. Fürchten Sie sich, damit Sie nicht durch Ihr Lachen, Ihre Narrenpossen, kurz gesagt, Ihren Mangel an Ehrerbietung zu jenen Reben gehören, von denen Christus gesagt hat, dass der Winzer sie einsammelt, ins Feuer wirft und verbrennt!"

Ich habe den Kopf gesenkt. Aber ich dachte an den armen Mönch Barnabas, der nur tanzen und mit Bällen jonglieren konnte, und dessen Gebet doch gewürdigt wurde.

Gebet um die Fürsprache Mariens

Jungfrau, wie sie Michelangelo, Raphael und Botticelli gemalt haben. Jungfrau von Fatima, Lourdes, Tschenstochau. Tochter Davids, Rose von Bethlehem, Königin des Himmels. Du Zuflucht der Sünder, Mutter des Erlösers, Lebensstern … Oh Maria.

Ich berühre den Saum deines Kleides, in seinen Falten hat der Herr sich geborgen gefühlt, und dein Herz war seinem Herzen nahe. Ich bitte dich, du Erhöhte und Gesegnete unter den Frauen … Du bist der sanft ansteigende Pfad zum Unendlichen.

Vor dir bin ich wieder das Kind, das weint und schreit in dieser Welt der Ängste, des Hasses, der Drangsal. Ich wende mich dir zu. Du warst immer da, still und stark, in Nazaret, in Kana, unter dem Kreuz, immer wenn du gebraucht wurdest. Erbitte Frieden und Hilfe für mich, jetzt und allezeit. Amen.

Gebet für einen Zapper

„Zum Schluss habe ich noch etwas", murmele ich, „das am schwersten zu beichten ist …"

Der Pfarrer schaut mich geduldig und gelassen an. Er hat so vieles anhören müssen, so vieles erlebt …

„Ja", murmele ich wieder, „ich bin ein Zapper."

„Ein Zapper?", fragt er, aufblickend.

„Ja. Ich zappe mich durchs Leben, springe von einer Aktivität zur andern, von einem angefangenen Projekt zu einem zweiten, das ich auch nicht zuende führe, immer zwischen zwei Stühlen, zwei Vorhaben. Selbst in dem Augenblick, in dem ich zu Ihnen spreche, fange ich schon an, vom Menü zum Mittagessen zu träumen!"

„Ich verstehe, ich verstehe", sagt der Pfarrer nachdenklich. „Sagen Sie den Akt der Reue, dann gebe ich Ihnen die Absolution." Während er den Segen über mich spricht, verspüre ich einige Sekunden die Gnade der Lossprechung. Und dann denke ich schon wieder an meine Steuererklärung!

„Und hier Ihre Buße", sagt der Pfarrer mit fester Stimme:

„Herr, mach, dass ich in jedem Augenblick meines Lebens ganz gegenwärtig und neu bin; dass ich aufhöre, meine Tage wie Lumpen zu zerreißen, die ich kaum wahrnehme und schon wieder wegwerfe; dass ich jedes Wort, jede Geste, jeden Atemzug wie ein unverdientes Geschenk annehme, wie hauchdünnes Blattgold auf dem hochkarätigen Gold der Ewigkeit."

„Soll das ein Gebet sein?", frage ich.

„Ja", sagt der Pfarrer gelassen, „das ist ein Gebet des Zappers. Amen."

Gebet in der Fastenzeit

Vom Fastnachtsdienstag bis Ostern vierzig Tage, genauer sechsundvierzig Tage fasten. Und schon wieder ist Fastenzeit.

Seit Aschermittwoch sage ich zum Herrn:

„Dieses Jahr, abgesehen von einigen genüsslichen Freiheiten, die sonntags ja erlaubt sind, war ich entschlossen, peinlich genau das Fasten einzuhalten. In Gedanken hatte ich schon das Fleischessen aufgegeben, die kleinen Gänge reduziert, die Entrées eingeschränkt, die Desserts verkleinert, Schokolade ganz aufgegeben … Ich hätte also im besten Sinne gefastet …"

„Du hättest?", murmelte der Herr, „dieses ‚hätte ich' gefällt mir nicht, es kündigt nur irgendeine tückische Ausflucht an."

„Das liegt nicht an mir, Herr, sondern am Arzt", protestiere ich heftig, „leider. Er verweist auf meine diabetische Neigung, meine morgendlichen Hitzewallungen … Kurz gesagt, er untersagt mir jede Art von Fasten. Das bedrückt mich", seufze ich und wische eine falsche Träne ab.

„Gut, gut", sagt der Herr.

Danach stelle ich vergnügt meinen Radioapparat an. Es ist die Zeit meiner wöchentlichen Sendung. Ich brenne schon darauf, meine Stimme zu hören …

„Während der Fastenzeit fällt die Sendung von Henri Brunel aus", sagt irgendeine Stimme.

„Du wirst deine Eitelkeit zum Fastenopfer machen", flüstert der Herr mir ins Ohr und lächelt.

„Ja", sage ich kleinlaut, „das wird mein Gebet in der Fastenzeit sein."

Gebet im Alter

„Das Alter ist ein Schatz für die Welt"
(Johannes Paul II.)

Die Birken in der großen Allee haben ihr letztes
Gold ausgegeben. Die beiden Ahorn und die Robinie
haben auch ihre Blätter fallen lassen. Man tritt mit
jedem Schritt auf knisterndes Gold, braun, gelb und
dunkelrot, die Beute des Herbstes. Das dritte Alter
der Bäume ist das Alter der Wunder, des Purpurs.

Langsam kommt der Winter. Ein Wacholder-
strauch bewahrt sich sein reizendes Grün, zwei
Tannen, ungerufene Wächter, widerstehen. Alle
anderen Bäume geben Laub und Gut ab, sie gehen
mit erhobenem Haupt nackt wie Skelette in die
stille Zeit hinüber.

Herr, gib mir die Weisheit der Bäume. Die Zeit
rückt näher, da ich vor deinem Angesicht stehe,
alles lädt mich ein, die Zeit, das Wissen, die Kräfte,
den Besitz abzuwerfen: Blätter, die der Wind mir
wegbläst und zerreißt. Herr, gewähre mir, dass ich
wie eine aufrechte Eiche und nackt in das Paradies
eintrete, notfalls auch wie eine kleine Birke mit ihrer
hellen Rinde …

„Nackt bin ich auf die Welt gekommen, nackt
muss ich sie wieder verlassen" (Cervantes).

Gebet um Sanftmut

„Selig sind die Sanftmütigen, denn sie werden das Land erben" (Mt 5,4).

Die Christen tun sich etwas schwer mit der „Sanftmut", sie verwechseln sie manchmal mit Schwäche, Weichlichkeit. Ich habe einen ausgezeichneten Pfarrer gekannt, der uns die Seligpreisungen erklärte und dabei einen Hammelsprung machte über die Sanftmut. Er kam sofort zu den „Armen im Geiste", „denen, die Hunger und Durst nach Gerechtigkeit haben". Diese Tugenden hielt er für männlicher. Ich übertreibe vielleicht etwas: Aber es ist notwendig, die „Sanftmut" wieder zu entdecken. Die Tugend der „Sanftmut", von der das Evangelium spricht, ist der nackte Mut, der Mut ohne Kraftprotzerei, der Mut, den Jesus Christus am Kreuz bezeugt hat. „Sanftmut", das ist Stärke ohne Fanfarenklänge, ist die geduldige, beharrliche Liebe ohne Fehl von Maria. Die Liebe und der Friede, die Liebe im Frieden.

Als ich acht Jahre alt war, war Emilie Putzfrau in unserer Dorfschule, und wir Kinder verehrten sie.

„Emilie hat mir ein Karamelbonbon, eine Lakritzstange gegeben …"

„Sie hat Philipp getröstet, als er weinte …"

Als die kleine Julie ihre Mutter verlor, konnte niemand sie beruhigen, ihr Vater nicht, noch die Nachbarn, auch der Pfarrer nicht. Nur Emilie beruhigte sie, sie legte ihre große rote Hand auf ganz eigene Weise auf den Kopf des Kindes.

Mit 33 Jahren war das Schicksal Emilies schon entschieden. Entweder sie blieb eine alte Jungfer, in jenem Jahr 1936, als die Zahl der Männer, die aus dem Ersten Weltkrieg heimgekommen waren, rar war. Oder sie heiratete, und zwar Jean, den Sohn eines reichen Mehlhändlers. Im Dorf war man aufs Höchste erregt, skandalisiert. Man keifte in den Läden und man zerriss sich die Mäuler hinter den Fensterläden. Papa rief: „Das ist unmöglich, so was Hässliches zu heiraten, das ist eine Verrücktheit!"

„Aber sie ist so nett, so nett …", entgegnete Mama. „Ich", warf ich erregt ein, „ich würde sie auf der Stelle heiraten."

„Kinder und Narren sagen die Wahrheit", meinte Onkel Ferdinand.

Papa zuckte mit den Schultern, Mama schwieg klugerweise.

Emilie blieb allein. Gewiss, sie war nicht mit Schönheit gesegnet, aber sie besaß etwas Warmes, diese innere Schönheit, die Tugend der „Sanftmut".

Herr, verleihe uns „Sanftmut", damit wir verdienen, in dein Reich zu kommen, dieses „verheißene Land", das du den „Sanftmütigen" als Erbe geben willst.

Gebet zur Verteidigung Gottes

Herr, es vergeht kein Tag, keine Woche, da man dich nicht angreift, nicht verflucht, nicht aller Übel anklagt, die über die Menschheit hereinbrechen. Kein Hundedreck auf den Bürgersteigen der Welt, der dir nicht angerechnet würde. Diese Ungerechtigkeit muss aufhören. Deshalb habe ich mich entschlossen, die Robe des Advokaten anzuziehen, um für deine Ehre zu plädieren. Natürlich sagt man, dass du meine Verteidigung nicht nötig hast, dass ich kein berühmter Verteidiger bin, dass meine Begabung recht mager ist. Das stimmt gewiss. Doch meine Überzeugung ist unerschütterlich, und ich liebe dich, Herr, deshalb will ich es versuchen:

„Wenn ich mir beim Einschlagen eines Nagels mit dem Hammer auf die Finger haue, dann bin ich ungeschickt. Wenn mein Auto eine Panne hat, dann habe ich kein Benzin mehr oder die Batterie ist leer. Aber das sind nicht Fehler Gottes! Wenn mein Hund mich beißt, dann habe ich ihn schlecht erzogen, oder er ist plötzlich verrückt geworden. Wenn ich meine Freundin nicht mehr ertrage, dann habe ich die falsche ausgesucht. Das ist aber doch nicht sein Fehler!

Wenn es, leider, Krieg gibt in Afghanistan, im Sudan, in Kambodscha, auf dem Balkan, dann bedeutet das, dass die Menschen sich hassen, sich erschlagen wegen des Ruhms, ein Land zu erobern, wegen einer Ideologie ... Das ist aber nicht Gottes Schuld, er hat sie frei geschaffen, es ist ihre Schuld. Wenn entsetzliche, unerträgliche Katastrophen hereinbrechen wie das Erdbeben, das im 18. Jahrhundert in einem Tag Lissabon vernichtet hat, dann ist das auf geologische Gegebenheiten, die tektonischen Verwerfungen der Erdkruste und das Abdriften der Kontinente, zurückzuführen.

Gott hat damit nichts zu tun, er hat uns nichts versprochen – nur das ewige Leben und die immer während Liebe. Wenn Er seine Versprechen nicht hält, dann sollten wir im Paradies mit Ihm darüber streiten!"

„Sie haben bewundernswert gesprochen!", bemerkt mein Nachbar Albert. „Und übrigens, da Sie ja der Advokat Gottes sind, bitten sie Ihn doch, mir in diesem Herbst keinen Rheumatismus zu schicken, mein linkes Knie macht mir schon genug zu schaffen ..."

„Ach, Herr!", seufze ich, „der arme Mann hat nur das Eine im Auge, entschuldige ihn."

Und mit leiser Stimme füge ich hinzu: „Bei mir ist es aber das rechte Knie ..."

Gebet für den Geizigen

Der Geizige, der Knauserige, der Geldgierige – das sind offenbar unbestreitbar notwendige Figuren der Menschlichen Komödie. Zu allen Zeiten gehören ihre Verkörperungen, ihre lächerlichen Figuren zum Besten, was die Literatur hervorgebracht hat.

Im Mittelalter sagte man schon von einem „Geizhals", dass ihm „die Hand weh tue, die er jemandem gegeben hat". Oder noch deutlicher: „Er gönnt sich das Brot nicht, das er isst." Aber der Geizige, das weiß man, handelt gern im Stillen: „Er isst sein Brot in der Tasche", wohl weil er kein Krümelchen verlieren will, und damit es ihm keiner stehlen kann! Das Verlangen nach Besitz kann den „Pfennigfuchser" zum Äußersten treiben. Das bezeugt die volkstümliche Redensart:

„Er zieht noch einer Laus die Haut ab!"

Oder noch deutlicher:

„Er traut sich nicht zu spucken, aus Angst Durst zu bekommen!" Hier wird das Leben eines solchen Unglücklichen zu einem ständigen Drama von Corneille'schem Format.

In der Provence, wo man poetisch ist, sagt man vom Geizigen: „Er würde noch auf dem Mond Getreide anbauen", oder: „Er liebkost seine gesparten Pfennige."

Die Geldgierigen, seien sie wild oder sanft, nehmen nichts mit ins Grab. Ein Leichentuch hat keine
Taschen. Die „Geizigen" werden, möge Gott ihnen
barmherzig sein, so nackt wie wir ins Paradies der
armen Schlucker eingehen.

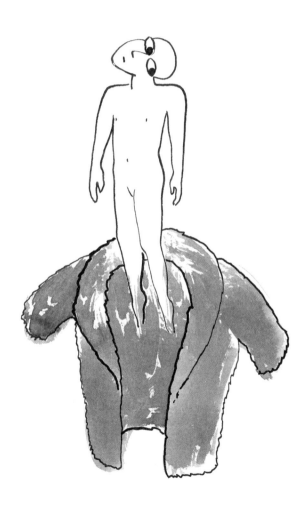

Wenn ich auf ein totes Blatt höre

Der Himmel hängt so niedrig, dass er fast die Erde berührt. Ein Kiebitz kommt langsam über eine Hecke geflogen, sein langer Schwanz, sein Steuerruder, berührt eines der letzten Blätter an einem Zweig, und es fällt ab. Ein Traktor bearbeitet in der Ferne lärmend die fast schwarze Erde.

Ich bin alt. Dass das Leben dem Ende entgegen geht, macht sich im Winter deutlich bemerkbar. Ich stehe freudlos, mit gesenktem Kopf, da bemerke ich ein rotes Blatt vor meinen Füßen. Es ist zur Hälfte vom Staub des Weges verdeckt; ein Eichenblatt, geformt wie alle Eichenblätter. Trotzdem ist etwas Freches und Heiteres in der Art, wie es sich aufrichtet und die rot geäderte Nase in den Himmel streckt. Diesen Rest an Leben benützt es, um mir zuzuflüstern:

„Liebe das Leben, solange du es noch an einem Faden, einem letzten Äderchen halten kannst. Gönne dir das noch mögliche Glück."

Dieser hartnäckige Mut und diese Lebensweisheit haben mir für den Tag neuen Schwung gegeben.

An das Leben glauben bis zum Ende, das heißt an Gott glauben. Was ein totes Blatt kann, das kann auch ich, ein Mensch.

„Es gibt nur ein wirkliches Übel, das ist der Mangel an Mut" (Alain).

Gebet der Leseratte

Ich lese gern. Genauer gesagt, ich bin nicht nur ein Leser, ich bin eine „Leseratte", das heißt einer, der Hunger hat nach Büchern, ein Gourmand. Ich bin glücklich über einen wohlgebauten Satz, ein Wort an der richtigen Stelle, eine geglückte Silbe. Gott schuf alle Dinge gut. Sie sind Fußschemel Gottes. Für mich ist Lesen eine Art des Betens.

„Na ja", sagt mein Nachbar Albert, „ich lese einfach die Zeitung."

„Mein Herr", bemerkt trocken Madame P.: „Ich bin erstaunt, dass Sie nicht mehr fromme Bücher lesen. Die Ideen sind schließlich wichtiger als ihre Formulierung."

„Ich weiß nicht ...", sage ich etwas erstaunt. „Kennen Sie den Satz des Schriftstellers Valérie Larbaud: ‚Ihr Nachtzüge, leiht mir den höchsten Geigenton eurer fernen Fahrgeräusche.' Wunder der

Sprache, verzauberter Augenblick, da alles zusammenklingt: der Gesang und das Geheimnis; wo sich alles zusammenfügt, ein Chor von Sinn, Bild, Melodie, Harmonie. Nachtzüge … Orientexpress, Transsibirische Bahn, die Städte, die auftauchen und wieder verschwinden: Istanbul, Ismir, Nischni-Nowgorod, Ulan-Bator, Samarkand … Hören Sie den einzigartigen Ton der Violine, dieses strahlende Finale, leicht wie ein Flügelschlag … Ich werde zornig, wenn ich Leser sehe wie Sie, die sich dabei selber einschnüren."

Mein Nachbar lacht nur:

„Glauben Sie, das sei gutes Französisch: sich selber einschnüren? Sie benutzen als Liebhaber einer schönen Sprache bizarre Ausdrücke!"

„Machen Sie sich nur lustig, Sie Ungebildeter, Sie Gelbschnabel, Sie Barbar!"

Albert lacht noch heftiger:

„Regen Sie sich nicht auf", sagt er freundschaftlich, „und beten Sie auf Ihre Art!"

„Jeder kann schließlich machen, was er will", sagt Madame P. und weicht bewusst meinem Blick aus.

Die Schönheit spricht von Gott. Jeder findet die ihm gemäße da oder dort. Ein Denkmal, ein Gemälde, eine Blume, ein Buch, ein Garten, der Frühlingshimmel.

Alles ist Gebet.

Der Friedenskuss

„Gebt einander den Frieden Christi, gebt euch den ‚Friedenskuss'", sagt der Priester, lächelt uns zu und breitet weit die Arme aus.

Auf meinem Platz in einer hinteren Bank werfe ich einen flüchtigen und misstrauischen Blick auf meine Banknachbarn. Vor mir plagt sich eine Mutter mit ihren kleinen Kindern, die unaufhörlich schreien und ihr auf dem Schoß herumklettern. Rechts von mir eine strengblickende Dame, würdevoll, mit Hut. Ich kenne sie, sie ist so weit wie möglich von mir abgerückt, um jeden unangenehmen Kontakt zu vermeiden. Zu meiner Linken ein älteres Ehepaar, bis oben zugeknöpft. Niemand rührt sich, ich bin verlegen. Ich gebe mir einen Ruck und wende mich der strengblickenden Dame zu, ihr Mund ist zusammengekniffen, das Gesicht eine unbewegliche Maske, sie schaut vor sich hin. Ich strecke eine Hand aus … ins Leere, ich berühre ihre Schulter, sie schreckt zurück, lächelt mir ein wenig zu, gerade ein wenig, als sie mir den Klingelbeutel weiterreicht. „Der Friede Christi", sage ich leise.

Ich kehre auf meinen Platz zurück, verstecke die Nase im Mantelkragen, etwas enttäuscht. Plötzlich vor mir ein dunkles und strahlendes Gesicht, ein junger Schwarzer, mir unbekannt, geradezu unpassend in dieser Dorfkirche; er schüttelt mir herzhaft die Hand und lacht mich an: „Der Friede Christi", sagt er. Ich antworte ihm mechanisch, schaue ihn überrascht an, und … ein unbeschreibliches Leuchten verwandelt geheimnisvoll seine Augen. Plötzlich sehe ich nicht ihn, sondern den verborgenen Gott, und ich trinke „aus der sprudelnden Quelle ewigen Lebens". Nun habe ich also doch den „Friedenskuss" ausgetauscht mit dem älteren Ehepaar, der geplagten Mutter, ihren drei wilden, unschuldigen Kindern. Der junge Schwarze lächelt die würdevolle Dame mit Hut an. Da verschwinden Kleiderordnungen, die menschlichen Eigenheiten, wir sind in diesem Augenblick alle Brüder, Schwestern, wir sind Frieden, Liebe.

Der „Friedenskuss" ist ein wunderbares Gebet.

Das Gebet der Leidenden

„Das Leiden ist der Ernstfall des Glaubens."

Wenn ich vom Leiden sprechen will, verschließt sich mein Mund, meine Feder sträubt sich und mein Herz wird schwach. Diese Ratte, die unsere Eingeweide zernagt, unsere Seele langsam tötet. Die Welt wird zum Wahnwitz, alles verliert seinen Sinn, die Nächsten wenden sich ab, die Freunde fliehen, und man wird sich selber fremd. Ein Christ, der mit den Händen, dem Kopf, dem Körper bis zum Hals im Leiden steckt, was kann er tun, Herr?

Du bist mitten im Feuer, sagt der Herr, du musst hindurch gehen, richte deine Augen, wie es auch kommt, auf mich. Denn ich, der gekreuzigte und auferstandene Christus, ich, der die unzerstörbare Liebe ist: Ich bin da, und ich sehe dich an.

Das Zeichen des Kreuzes

„Zeichen des Kreuzes,
Meine Windrose."
(Xavier Grall)

Das Zeichen des Kreuzes: die vier Jahreszeiten unseres Glaubens, die vier Himmelsrichtungen der Hoffnung.

Gott Vater: der Polarstern, der Norden, den die Magnetnadel des Kompasses anzeigt, das Ende aller Wege, die Ewigkeit, die Liebe, das Absolute.

Gott Sohn: das Kind in der Krippe, Maria, Josef, mit Ochs und Esel, die Schafe, die Hirten und die drei Weisen. Christus, er teilt mit uns das „südliche Gelände" (Goethes Divan), die Arbeit, die Sehnsüchte, die Versuchungen, die Freuden und Leiden. Christus, der gestorben und auferstanden ist: das menschliche Antlitz Gottes.

Gott Heiliger Geist: Wie der Westwind den Sturm und den Regen, den Frühling und das Leben bringt, so treibt das Wehen des Geistes den alten Menschen in uns aus, er leuchtet uns und gibt neues Leben.

Amen: Wenn der Ostermorgen aufscheint, ist alles gesagt, alles vollendet. Das Kreuz weist nach Osten, zum Tagesanbruch.

Gebet für künftige Zeiten

Am 31. Dezember 1999,
wenn alle Turmuhren Mitternacht schlagen,
wenn im Theater der Zeit zwölf Schläge den
Beginn des Jahres 2000 anzeigen,
wenn eine unbekannte Welt ihre nebelverhangenen Pforten öffnet,
wenn sich in unseren Herzen etwas wie Nostalgie
regt, wenn uns, an Bord der Zukunft, ein Schwindel
erfasst …
Kurzum: Im Augenblick, in dem wir ins neue
Jahrhundert, Jahrtausend hinübergehen, erfasst uns
ein Schauder, eine vage Furcht, vielleicht sogar
Angst. Dann wird ein „Geist der Betrübnis" die
Schrecken des Jahres 1000 heraufbeschwören und
die Apokalypse zitieren:
„Wenn die tausend Jahre vollendet sind, wird der
Satan aus seinem Gefängnis freigelassen werden.
Und er wird ausziehen, um die Völker an den vier
Ecken der Erde … zu verführen … und sie zusammenholen für den Kampf; sie sind so zahlreich wie
die Sandkörner am Meer. Sie schwärmen aus über
die weite Erde" (Offb 20, 7–9).
Wir lächeln über diesen Alarm. Was haben wir
Christen des 20. Jahrhunderts mit diesen Barbaren,
unseren Vorfahren des Jahres 1000, zu tun?

„Mein Herr", antworten Sie höflich, aber deutlich: „Die Theologen, die Bibelwissenschaftler haben uns zu unterscheiden gelehrt, wie man die Mythen der Bibel interpretieren muss, wir fürchten den Teufel nicht mehr. Wir leben schließlich in einem aufgeklärten Jahrhundert."

Der Zeichendeuter unter den Sitzungsteilnehmern hört Sie gar nicht an:

„Ich sehe …", sagt er in prophetischem Ton, „wie der Mensch den Planeten ausplündert, die Luft verschmutzt, und den Boden und die Meere; ich sehe am Horizont die Sturmflut, die mutierenden Viren, unbekannte Pestkrankheiten, Gewalt, Hunger,

Folter, Krieg, die Ausbeutung der Schwächsten, die Massaker der Unschuldigen. Der Mensch zerstört sich selbst, von seiner Macht besessen, er kreist um sich wie ein angeschossenes Tier, verwirrt und voller Blut. Sehen Sie, die Zeit kommt, in der herrschen wird ‚der Drachen, die alte Schlange, das ist der Teufel oder der Satan!' (Offb 20,2)."

„Ich bin beeindruckt", sagen Sie, mit einem Anflug von Ironie, „doch ich halte Ihnen entgegen: die Fortschritte der Ökologie, die humanitären Aktionen, die überall akzeptierten Menschenrechte ..."

„Und sogleich wieder verhöhnt!"

„... Sie bekennen, sie erklären, ist ein erster Schritt. Leugnen Sie die Entwicklung der Menschheit, geben Sie dem Menschen keine Chance? Im Blick auf den Kosmos ist er noch jung. Denken Sie nur daran, dass er in diesem Jahrhundert fliegen gelernt hat. ‚Wir haben das Jahrhundert der Wunder erlebt ... und die Wolken zu unseren Füßen', sagt der Dichter Aragon. Wir haben in einigen Jahrzehnten den Übergang vom schwankenden, schwer lenkbaren Luftschiff zum Überschallflugzeug, zur Concorde, geschafft. Wir sind auf dem Mond gelandet, der Mars kommt als nächster dran, und wir werden eines Tages zwischen den Sternen reisen ..."

„Sie träumen, mein Freund. Der Mensch ist ein missratenes Tier, und dieses Jahrhundert war entsetzlich. Ich wiederhole: Die Katastrophe ist unaufhaltbar!"

„Aber schließlich, mein Herr, sind Sie doch Christ!“

„Gewiss, aber ich sehe nicht …“

„Wo ist Ihr Glaube, Ihre Hoffnung? Christus, unser Retter, wurde geboren, ist ins Herz der Geschichte eingegangen, nun schon zweitausend Jahre. Ist für Sie das strahlende, außerordentliche, unvorstellbare Wunder der Weihnacht eine Kleinigkeit? Dieses unerhörte Ereignis begründet unseren Glauben, markiert den Beginn unserer Zeitrechnung, besiegelt den Bund mit dem Herrn, unserem Gott, und dieser Bund wird gelten von Jahrhundert zu Jahrhundert …“

„Heute ist euch in der Stadt Davids der Retter geboren, er ist der Messias, der Herr“ (Lk 2,11).

Ein strahlender Augenblick der Gnade. Unsere Herzen sind aufs höchste verwundert, unser Mund schweigt.

In diese Stille wage ich mein Gebet zu sprechen. Ich wende mich an dich, dreifach heilige Jungfrau Maria, Mutter des Herrn, Mutter der Menschen, Maria, der sich Gott mild zugeneigt hat.

Du bist die schönste Blüte am Stamm des Jesse,

du hast einen Faden der Liebe gewebt zwischen uns und der Unendlichkeit Gottes,

Dein Fleisch hat den ewigen Gott empfangen,

verleihe uns durch deine Fürsprache bei deinem Sohn, Jesus Christus, unserem Herrn, dass wir mit Vertrauen und Erleuchtung den *künftigen Zeiten* entgegen gehen …

84

Warum ich schreibe

Um von Gott zu sprechen.

Ich möchte eine Atmosphäre schaffen, die den Leser überrascht und ihn verführt, ihn festhält, damit er im Lande Gottes verweilt: durch neue Worte, das Rauschen der Silben, die wohlklingende Musik eines Schlussakkords; durch das unerwartete Bild, wie das plötzliche Auffliegen einer Lerche; oder durch den Verzicht auf eine Redewendung; oder sogar, wenn nötig, durch die Grimassen eines Clowns; durch Ernst oder Freude, Leidenschaft, Zärtlichkeit, Sonderbares. Schau auf, höre, der du von dem Wirbel des Lebens erfasst bist, der du zitterst zwischen Ängsten und Schreien, der sich um sich selbst dreht wie ein Kreisel. Öffne die Augen. Gott ist da, Gott und die Unendlichkeit der Hoffnung. Das der Samariterin versprochene Wasser, das Wasser, das deinen Durst für immer löschen wird, ist dir ganz nahe, höre es in dir rauschen.

Ich schreibe für die, die keine Zeit haben, damit sie das Glück im Vorbeigehen erfahren können. Unter diesen so hingesagten Gebeten gibt es leichte und schwere, gewichtige und gelöste. Aber hinter all den verschiedenen Masken verbirgt sich ein Gesicht: die Liebe zu Gott.

Ich schreibe, um von Gott zu singen.

Ich schreibe, zu Gott rufend, er möge Ihnen wieder die Ohren öffnen.

Inhalt